por uma arte revolucionária independente

pour un art révolutionnaire indépendant

breton e rivera

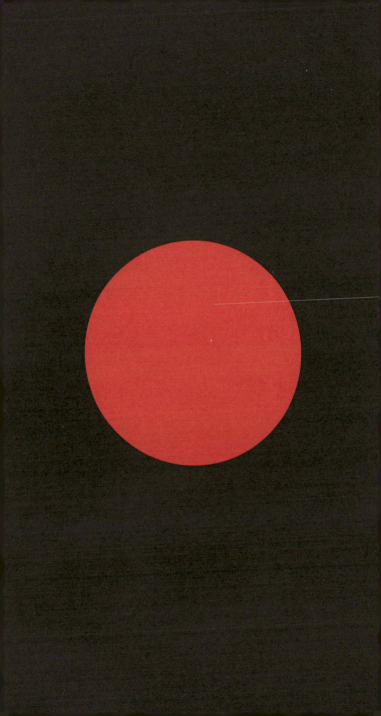

NOTA DA EDIÇÃO

Não há de existir arte conciliadora. A arte é, insurrecionalmente, um ato de protesto contra o real. No terror dos tempos em que vivemos, não há nada menos do que esperar além de uma bala na nuca. *Mehr Licht* – Mais Luz – o último suplício de Goethe reclama nosso clamor perante o enredo bizarro: dissecados no incêndio criminoso que é a alegação nazista de nosso futuro, trememos de medo numa manhã de sexta-feira de Janeiro[1] que rompeu sobre nossas cabeças a invasão do que nos é prometido por faces cheias de sorrisos que se estendem na televisão e gravam em palcos sacros com cheiro de apocalipse. Usemos nossos cérebros antes que sejam criminosamente explodidos ou até que o sejam. A ameaça se presentifica - o fascismo hitlerista deglutiu o nosso tempo e estamos oficialmente denominando as coisas por seus termos.

---

[1] Em 16 de janeiro de 2020, datando mais de um ano da presidência fascista de Jair Bolsonaro, Ricardo Alvim, o secretario nacional de Cultura à época proferiu um discurso parafraseando uma fala do ministro da Propaganda de Adolf Hitler, Joseph Goebbels. O presidente demitiu o secretario somente após a repercussão negativa do caso, até mesmo entre parte de seus seguidores.

O fascismo brasileiro garante a higiene pessoal de todo bom cidadão: promete que será com a argamassa da arte livre, triturada e misturada com as ossadas da classe operária que se erguerá, gloriosamente, a arte "heroica" e "imperativa". O fascismo urge em êxtase ao custo de R$ 20 milhões em propaganda[2]. Por isso fazemos aqui, a propaganda à contrapelo, incandescente e fecunda como uma bomba. Encarna-se em nosso sentimento de revolta a dimensão radical do inimigo, coroado com o movimento sísmico vivo e explosivo de nossos povos. Os esforços hostis da política burguesa cobrem essa terra como uma besta sacristã - dos rios misturados com sangue, agrotóxico e cinzas anciãs de floresta aos desabrigados em massa, pisoteados pela colérica Guarda Montada na praça da República entre os quais corre um coro insano, uma proposta de um fim que se deteriora.

O Brasil é uma terra macia e úmida. Pisoteam-se no solo gordo deste país os corpos-rastros de todas as vítimas que a política assassina reivindicou. É de adubo Guarani que o latifúndio se estende até perder-se aos olhos, é com carne Terena que o "bom cidadão" engorda cada arroba do seu gado de abate e é exatamente sob essa terra danada pelo bom cidadão higiênico que prometemos nosso fulgor. Enquanto todo pensamento livre e independente é esquartejado como um corpo no porão, o artista que não se abasta e engorda a

---

[2] Alusão ao primeiro edital proposto pelo ex-secretário nacional da cultura, Ricardo Alvim. O Prêmio Nacional das Artes, utilizou-se de um discurso nacionalista para promover um suposto "renascimento das artes", preservando a "alta cultura" aliada aos princípios conservadores.

pátria maníaca do brasil com sua própria mão é marginalizado e condenado ao silêncio, obrigado a viver à sombra de um medo incisivo. Partindo de nossas influências, bem como das experiências revolucionárias que irrompem na América Latina, compreendemos que a arte precisa seguir sempre impiedosamente ameaçadora contra todas as jaulas que a impedem de agir como modificadora potente da base material da sociedade. A arte, assim, orquestra a rebelião do presente: não salva a ninguém do ceifar decadente do capitalismo neste território aburguesado; deve operar as potencialidades criadoras de uma revolta insone. A arte e a revolução não são cumes para tempos que virão. São metralhadas do agora, são obreiros furiosos e levantes de chamas. Declara-se assim a arte como a colisão desenfreada, "toda licença em arte, exceto contra a revolução proletária" (TRÓTSKI, 2007). A arte não deve jamais se alojar no fundo de uma garganta calada. Ela deve triturar, bruta e compenetrada, cada uma das forças anti-proletárias: ao apoiar o ouvido no chão, ouve-se a revolução a latejar em seus subterrâneos. E é por todas as vezes que julgada inadequada ao que entendem eles como pátria amada brasil que afirmamos, repetidamente, que "todas as pátrias são uma mesma desonra" (BRETON, 1925).

Nascido em acirrado período para as forças revolucionárias de todo o mundo, o texto que reveiculamos aqui é assinado pelo surrealista André Breton e pelo muralista Diego Rivera. Foi redigido em 25 de Julho de 1938, em efusão de ideias e inquietações de Breton e Trótski. O texto divide-se em duas versões, uma delas designada como "texto definitivo" que é a que segue neste livro. A segunda é a versão dos *Arquivos*

Trotsky. Optamos por oferecer nova tradução e publicação da versão definitiva apenas por razões editoriais. Sua primeira publicação foi editada pelo Instituto Leon Trotski no volume 18 das *Oeuvres*. Publicado primeiramente no Brasil na revista Vanguarda Socialista, idealizada por Mário Pedrosa, principal potencializador do manifesto no Brasil, em 1946. Foi publicado também em 1985 com organização e apresentação de Valentim Facioli e traduzido por Carmen Sylvia Guedes e Rosa Boaventura pela Editora Paz e Terra em edição que honramos em toda sua potência revolucionária e capacidade de acessar e construir com coerência e profundidade as ideias colocadas em movimento; aquela edição reúne também textos de Mário de Andrade, Patrícia Galvão, Geraldo Ferraz, Mário Pedrosa, Lívio Xavier, Edmundo Moniz e magistralmente introduzida por Gérard Roche. A essa obra, saudamos e agradecemos imensamente.

A proposta que se segue documentada origina a pedra fundamental da F.I.A.R.I., **Federação Internacional da Arte Revolucionária Independente**[3], projeto de Leon Trótski, André Breton e Diego Rivera, articulada em prol da arte revolucionária em toda sua potência organizacional e combativa, contrária à proposta stalinista da arte alocada como "engajada" e alienada. Embora a consolidação deste projeto revolucionário tenha se delineado em momento histórico diverso do vivido atualmente, a saber, a

---

[3] Para saber mais sobre a história da F.I.A.R.I., sua criação, desenvolvimento e dissolução, introdução BRETON, A; TROTSKI, L; Valentim Facioli (org). *Por uma arte revolucionária independente*. Tradução de Carmem Sylvia Guedes, Rosa Maria Boaventura. São Paulo: Paz e Terra: CEMAP, 1985.

II Guerra, a proposta irrompeu como uma torrente que varreu o mundo, e o projeto permaneceu engrenando os labores artistico-revolucionários que despontaram dali. É mais do que evidente que o momento histórico atual é um núcleo quente e lascivo de horror e memória - despejando raios de ameaça em todo futuro. Nenhuma promessa nazi-fascista caminha oculta em solo brasileiro - ela retumba tão longamente que suas ofensas brutas tremem essas palavras. Com esta re-publicação de ideias que observamos como absolutamente necessárias para confrontar os tempos que estão e que virão, pretendemos ascender da dureza incendiária e revoltosa dos instrumentos de luta a viabilização e visualização da necessidade de articulação com propostas de insurgência. Esta publicação é um convite à influência, ao bombardeio dos canais subterrâneos que impedem a revolução de transitar – gostaríamos de aquecer as juntas de nossos povos e trabalhar na arte revolucionária como um cometa quente rasgando o céu da história (LÖWY, 2018).

A arte foi pervertida pelo liberal nacionalismo cristão como um subproduto de domesticação e ataques diretos às massas trabalhadoras, ofensivas claras pelo desmonte de qualquer movimentação pela luta e constituição de um ideário nacional que retoma a herança colonial, genocida e hostil. Observamos nos tempos atuais a efervescência psicótica de grupos de extrema direita, integralistas, neo-nazistas, monarquistas e saudosos da ditadura que se movimentam de forma desesperadora. As forças conservadoras se mostram em cumes de agressividade e organização absurdas e mesmo comprimidos pelas barragens agressivas que os cercam, o abalo proletário se move e gera potências de organização, estratégia e combate. Não acreditamos na degeneração da arte pelo nacionalismo, conservadorismo, liberalismo, fascismo, nazismo ou qualquer tendência domesticadora que procure ceifar sua cadencia revolucionária extrema. A arte pela revolução é febril e jamais há de buscar reformas para se alocar na história. Travamos guerra contra o cataclisma mediador de qualquer um desses processos e respondemos a eles com a proposta de politização da arte como um todo, de forma independente e desalienada. Não reagimos apenas à privação de liberdade intelectual a que somos submetidos, mas atacamos e combatemos diretamente qualquer mecanismo que busque minar o triunfo organizacional da ditadura do proletariado. "'*Fiat ars, pereat mundus*', diz o fascismo e espera que a guerra proporcione satisfação artística de uma percepção sensível modificada pela técnica como faz Marinetti. É a forma mais perfeita do *art pour l'art*. Na época de Homero, a humanidade oferecia-se em espetáculo aos deuses olímpicos; agora, ela se transforma em espetáculo para si mesma. Sua auto-alienação atingiu o ponto que lhe permite viver sua própria destruição como um prazer estético de primeira ordem. Eis a estetização da política, como a prática do fascismo. O comunismo responde com a politização da arte." (BENJAMIN, 1987)

REFERÊNCIAS BIBLIOGRÁFICAS:

BENJAMIN, Walter. *A obra de arte na era de sua reprodutibilidade técnica*. Tradução: Gabriel Valladão Silva. Porto Alegre: L&PM, 2017.

BRETON, TROTSKI, GALVÃO. *Por uma arte revolucionária independente*. Tradução: Carmem Sylvia Guedes, Rosa Maria Boaventura. São Paulo: Paz e Terra: CEMAP, 1985.

LÖWY, Michael. *A estrela da manhã*: surrealismo e marxismo. Tradução: Eliana Aguiar. São Paulo: Boitempo, 2018.

NAVILLE, Pierre. *Les Temps du surréel*. L'Espérance mathématique, t. 1. Paris: Galilé, 1977.

TROTSKY, Leon. *Literatura e Revolução*. Tradução: Luiz Alberto Moniz Bandeira. Rio de Janeiro: Jorge Zahar, 2007

O vigia da Pont-au-Change

[...]

Outros além de mim vigiam como eu e matam,
Como eu eles espreitam os passos
sonoros nas ruas desertas,
Como eu eles escutam os rumores e os estrondos da terra.

Na Porte Dorée, no Point-du-Jour,
Rue de Flandre e Poterne des Peupliers,
Através de toda França, nas cidades e nos campos,
Meus camaradas espreitam os passos na noite
E embalam sua solidão com os rumores e estrondos da
[terra.

Pois a terra é um campo iluminado por milhares de incêndios.
Na véspera da batalha, há bivaques por toda a terra
E talvez, também, camaradas, escutem as vozes,
As vozes que vêm daqui quando a noite cai,
Que partem os lábios ávidos de beijos
E que voam longamente pelas vastidões
Como as aves migratórias que a luz dos faróis cega
E que se chocam contra os vidros da lanterna.

Que minha voz chegue a vocês então
Quente e alegre e resoluta,
Sem medo e sem remorso
Que minha voz chegue a vocês com a dos meus camaradas,
Voz da emboscada e da vanguarda francesa.[4]

---

[4] DESNOS, Robert. O vigia da Pont-au-Change. In: *Poemas*. Tradução: Alexandre Barbosa de Souza. São Paulo: Editora Elefante / Edições Loplop, 2019.

por uma arte revolucionária independente

pour un art révolutionnaire indépendant

I

On peut prétendre sans exagération que jamais la civilisation humaine n'a été menacée de tant de dangers qu'aujourd'hui. Les vandales, à l'aide de leurs moyens barbares, c'est-à-dire fort précaires, détruisirent la civilisation antique dans un coin limité de l'Europe. Actuellement, c'est toute la civilisation mondiale, dans l'unité de son destin historique, qui chancelle sous la menace de forces réactionnaires armées de toute la technique moderne. Nous n'avons pas seulement en vue la guerre qui s'approche. Dès maintenant, en temps de paix, la situation de la science et de l'art est devenue absolument intolérable.

I

Pode-se pretender, sem exagero, que nunca a civilização humana esteve tão ameaçada de perigos quanto hoje. Os vândalos, com o auxílio de seus meios bárbaros, isto é, deveras precários, destruíram a civilização antiga em um canto limitado da Europa. Atualmente, é a civilização mundial inteira, na unidade de seu destino histórico, que cambaleia sob a ameaça de forças reacionárias armadas por toda a tecnologia moderna. Não temos em vista somente a guerra que se aproxima. Mesmo agora, em tempos de paz, a situação da ciência e da arte se tornou absolutamente intolerável.

II

En ce qu'elle garde d'individuel dans sa genèse, en ce qu'elle met en œuvre de qualités subjectives pour dégager un certain fait qui entraîne un enrichissement objectif, une découverte philosophique, sociologique, scientifique ou artistique apparaît comme le fruit d'un hasard précieux, c'est-à-dire comme une manifestation plus ou moins spontanée de la nécessité. On ne saurait négliger un tel apport, tant du point de vue de la connaissance générale (qui tend à ce que se poursuivre l'interprétation du monde) que du point de vue révolutionnaire (qui, pour parvenir à la transformation du monde, exige qu'on se fasse une idée exacte des lois qui régissent son mouvement). Plus particulièrement, on ne saurait se désintéresser des conditions mentales dans lesquelles cet apport continue à se produire et, pour cela, ne pas veiller à ce que soit garanti le respect des lois spécifiques auxquelles est astreinte la création intellectuelle.

II

Naquilo que ela conserva de individual em sua gênese, naquilo que movimenta qualidades subjetivas para extrair um fato que ocasiona um enriquecimento objetivo, uma descoberta filosófica, sociológica, científica ou artística aparece como o fruto de um acaso precioso, quer dizer, como uma manifestação mais ou menos espontânea da necessidade. Não se pode negligenciar tal contribuição, tanto do ponto de vista do conhecimento geral (que tende a àquilo que se de prosseguimento à interpretação do mundo), quanto do ponto de vista revolucionário (que, para alcançar a transformação do mundo, exige que se faça uma ideia exata das leis que regem seu movimento). De modo particular, não seria possível se desinteressar das condições mentais nas quais esta contribuição continua a se produzir e, para isso, zelar para que se garanta o respeito às leis específicas às quais se sujeita a criação intelectual.

III

Or le monde actuel nous oblige à constater la violation de plus en plus générale de ces lois, violation à laquelle répond nécessairement un avilissement de plus en plus manifeste, non seulement de l'œuvre d'art, mais encore de la personnalité "artistique". Le fascisme hitlérien, après avoir éliminé d'Allemagne tous les artistes chez qui s'était exprimé à quelque degré l'amour de la liberté, ne fût-ce que formelle, a astreint ceux qui pouvaient encore consentir à tenir une plume ou un pinceau à se faire les valets du régime et à le célébrer par ordre, dans les limites extérieures de la pire convention. A la publicité près, il en a été de même en U.R.S.S. au cours de la période de furieuse réaction que voici parvenue à son apogée.

III

Ora, o mundo atual nos obriga a constatar a violação cada vez mais geral destas leis; violação à qual corresponde necessariamente um aviltamento crescentemente manifesto, não somente da obra de arte, mas ainda da personalidade "artística". O fascismo hitlerista, após eliminar da Alemanha todos os artistas que expressaram em algum nível o amor à liberdade, fosse ele puramente formal, submeteu aqueles que podiam ainda consentir em manejar uma pena ou um pincel a se tornarem lacaios do regime, celebrando-o por meio de encomendas, nos limites exteriores do pior convencionalismo. Exceto quanto à propaganda, o mesmo ocorreu na U.R.S.S. durante o período de furiosa reação que agora atingiu seu apogeu.[5]

---

[5] Aqui os autores se referem ao comando burocrata do período Stalinista que exerceu sistematicamente um abafamento e marginalização de toda obra literária/artística que não se coadunasse à ordem do "Realismo Socialista", arte "oficial" soviética no regime stalinista.

IV

Il va sans dire que nous ne nous solidarisons pas un instant, quelle que soit sa fortune actuelle, avec le mot d'ordre: "Ni fascisme ni communisme", qui répond à la nature du philistin conservateur et effrayé, s'accrochant aux vestiges du passé "démocratique". L'art véritable, c'est-à-dire celui qui ne se contente pas de variations sur des modèles tout faits mais s"efforce de donner une expression aux besoins intérieurs de l'homme et de l'humanité d'aujourd'hui, ne peut pas ne pas être révolutionnaire, c'est-à-dire ne pas aspirer à une reconstruction complète et radicale de la société, ne serait-ce que pour affranchir la création intellectuelle des chaînes qui l'entravent et permettre à toute l'humanité de s'élever à des hauteurs que seuls des génies isolés ont atteintes dans le passé. En même temps, nous reconnaissons que seule la révolution sociale peut frayer la voie à une nouvelle culture. Si, cependant, nous rejetons toute solidarité avec la caste actuellement dirigeante en U.R.S.S., c'est précisément parce qu'à nos yeux elle ne représente pas le communisme mais en est l'ennemi le plus perfide et le plus dangereux.

IV

Não é preciso dizer que nós não nos solidarizamos nem por um instante, independente de seu sucesso atual, com a palavra de ordem "Nem fascismo nem comunismo!", que responde à natureza do filisteu conservador e assustado, que se agarra aos vestígios do passado "democrático". A verdadeira arte, isto é, aquela que não se contenta com variações sobre modelos prontos mas se esforça em dar uma expressão às necessidades interiores do homem e da humanidade atual, não pode senão ser revolucionária, isto é, deve aspirar a uma reconstrução completa e radical da sociedade, mesmo que fosse para libertar a criação intelectual das cadeias que a entravam e permitir a toda humanidade se elevar a alturas que somente gênios isolados atingiram no passado. Ao mesmo tempo, reconhecemos que somente a revolução social pode abrir o caminho para uma nova cultura. Se, no entanto, rejeitamos qualquer solidariedade à casta atualmente dirigente da U.R.S.S, é precisamente porque em nosso entendimento ela não representa o comunismo, mas é o seu inimigo mais pérfido e mais perigoso.

V

Sous l'influence du régime totalitaire de l'U.R.S.S. et par l'intermédiaire des organismes dits "culturels" qu'elle contrôle dans les autres pays, s'est étendu sur le monde entier un profond crépuscule hostile à l'émergence de toute espèce de valeur spirituelle. Crépuscule de boue et de sang dans lequel, déguisés en intellectuels et en artistes, trempent des hommes qui se sont fait de la servilité un ressort, du reniement de leurs propres principes un jeu pervers, du faux témoignage vénal une habitude et de l'apologie du crime une jouissance. L'art officiel de l'époque stalinienne reflète avec une cruauté sans exemple dans l'histoire leurs efforts dérisoires pour donner le change et masquer leur véritable rôle mercenaire.

V

Sob a influência do regime totalitário da
U.R.S.S. e por intermédio dos organismos
ditos "culturais" que ela controla nos outros
países, se estendeu sobre o mundo inteiro um
profundo crepúsculo hostil à emergência de
toda espécie de valor espiritual. Crepúsculo
de abjeção e de sangue no qual, disfarçados
de intelectuais e artistas, chafurdam homens
que fizeram do servilismo uma atividade,
da negação de seus próprios princípios um
jogo perverso, do falso testemunho venal
um hábito e da apologia do crime um prazer.
A arte oficial da época stalinista reflete com
uma crueldade sem exemplo na história
seus esforços irrisórios para enganar e
mascarar seu verdadeiro papel mercenário.

VI

La sourde réprobation que suscite dans le monde artistique cette négation éhontée des principes auxquels l'art a toujours obéi et que des Etats même fondés sur l'esclavage ne se sont pas avisés de contester si totalement doit faire place à une condamnation implacable. L'opposition artistique est aujourd'hui une des forces qui peuvent utilement contribuer au discrédit et à la ruine des régimes sous lesquels s'abîme, en même temps que le droit pour la classe exploitée d'aspirer à un monde meilleur, tout sentiment de la grandeur et même de la dignité humaine.

VI

A surda reprovação que suscita no mundo artístico essa negação desavergonhada dos princípios aos quais a arte sempre obedeceu, e que até Estados instituídos sobre a escravidão não tiveram a audácia de contestar tão totalmente, deve dar lugar a uma condenação implacável. A oposição artística é sempre uma das forças que podem contribuir de modo útil para o descrédito e para a ruína dos regimes que destroem, ao mesmo tempo, o direito da classe trabalhadora de aspirar um mundo melhor, e todo o sentimento da grandeza e mesmo da dignidade humana.

VII

La révolution communiste n'a pas la crainte de l'art. Elle sait qu'au terme des recherches qu'on peut faire porter sur la formation de la vocation artistique dans la société capitaliste qui s'écroule, la détermination de cette vocation ne peut passer que pour le résultat d'une collision entre l'homme et un certain nombre de formes sociales qui lui sont adverses. Cette seule conjoncture, au degré près de conscience qui reste à acquérir, fait de l'artiste son allié prédisposé. Le mécanisme de sublimation, qui intervient en pareil cas, et que la psychanalyse a mis en évidence, a pour objet de rétablir l'équilibre rompu entre le « moi » cohérent et les éléments refoulés. Ce rétablissement s'opère au profit de l' « idéal du moi » qui dresse contre la réalité présente, insupportable, les puissances du monde intérieur, du "soi", communes à tous les hommes et constamment en voie d'épanouissement dans le devenir. Le besoin d'émancipation de l'esprit n'a qu'à suivre son cours naturel pour être amené à se fondre et à se retremper dans cette nécessité primordiale: le besoin d'émancipation de l'homme.

VII

A revolução comunista não teme a arte. Ela sabe que ao cabo das pesquisas que se podem fazer sobre a formação da vocação artística na sociedade capitalista que desmorona, a determinação de tal vocação não pode se dar senão pelo resultado de um choque entre o homem e um certo número de formas sociais que lhe são adversas. Esta conjuntura única, exceto pelo grau de consciência que ainda deve adquirir, faz do artista seu aliado potencial. O mecanismo de sublimação, que intervém em caso semelhante, e que a psicanálise pôs em evidência, tem por objetivo restabelecer o equilíbrio rompido entre o "eu" coerente e os elementos recalcados. Este restabelecimento se opera a dispêndio do "ideal do eu" que ergue contra a realidade presente, insuportável, as pulsões do mundo interior, do *"id",* comum a todos os homens e constantemente em via de desenvolvimento no futuro. A necessidade de emancipação do espírito deve seguir seu curso natural para que seja levada a se fundir e a se revigorar nesta necessidade primordial: a necessidade de emancipação do homem.

a revolução comunista não teme a arte.

VIII

Il s'ensuit que l'art ne peut consentir sans déchéance à se plier à aucune directive étrangère et à venir docilement remplir les cadres que certains croient pouvoir lui assigner, à des fins pragmatiques, extrêmement courtes. Mieux vaut se fier au don de préfiguration qui est l'apanage de tout artiste authentique, qui implique un commencement de résolution (virtuel) des contradictions les plus graves de son époque et oriente la pensée de ses contemporains vers l'urgence de l'établissement d'un ordre nouveau.

VIII

Segue-se que a arte não pode consentir sem degradação em se curvar a qualquer diretiva estrangeira e a vir docilmente preencher os quadros que certas pessoas creem poder lhe atribuir, para fins pragmáticos, extremamente limitados. Melhor será se fiar ao dom de prefiguração que é o apanágio de todo artista autêntico, que implica um começo de resolução (virtual) das contradições mais graves de sua época e orienta o pensamento de seus contemporâneos em direção à urgência do estabelecimento de uma ordem nova.

L'idée que le jeune Marx s'était fait du rôle de l'écrivain exige, de nos jours, un rappel vigoureux. Il est clair que cette idée doit être étendue, sur le plan artistique et scientifique, aux diverses catégories de producteurs et de chercheurs. "L'écrivain, dit-il, doit naturellement gagner de l'argent pour pouvoir vivre et écrire, mais il ne doit en aucun cas vivre et écrire pour gagner de l'argent... L'écrivain ne considère aucunement ses travaux comme un moyen. Ils sont des buts en soi, ils sont si peu un moyen pour lui-même et pour les autres qu'il sacrifie au besoin son existence à leur existence... La première condition de la liberté de la presse consiste à ne pas être un métier." Il est plus que jamais de circonstance de brandir cette déclaration contre ceux qui prétendent assujettir l'activité intellectuelle à des fins extérieures à elle-même et, au mépris de toutes les déterminations historiques qui lui sont propres, régenter, en fonction de prétendues raisons d'Etat, les thèmes de l'art.

IX

A ideia que o jovem Marx tinha do papel do escritor exige, em nossos dias, uma retomada vigorosa. É claro que esta ideia deve ser estendida, no plano artístico e científico, às diversas categorias de produtores e pesquisadores. "O escritor – disse ele – deve naturalmente ganhar dinheiro para poder viver e escrever, mas ele não deve em algum caso viver e escrever para ganhar dinheiro... O escritor não considera unicamente seus trabalhos como um meio. Eles são fins em si, eles são tão pouco um meio para ele mesmo e para os outros que ele sacrifica, se necessário, sua própria existência à existência de seus trabalhos... A primeira condição da liberdade da imprensa consiste em não ser um ofício". É mais oportuno do que nunca brandir esta declaração contra aqueles que pretendem sujeitar a atividade intelectual a fins exteriores a ela mesma e, sem consideração por todas as determinações históricas que lhe são próprias, reger a seu bel-prazer em função de pretensão razões de Estado, os temas da arte.

Le libre choix de ces thèmes et la non restriction absolue en ce qui concerne le champ de son exploration constituent pour l'artiste un bien qu'il est en droit de revendiquer comme inaliénable. En matière de création artistique, il importe essentiellement que l'imagination échappe à toute contrainte, ne se laisse sous aucun prétexte imposer de filière. A ceux qui nous presseraient, que ce soit pour aujourd'hui ou pour demain, de consentir à ce que l'art soit soumis à une discipline que nous tenons pour radicalement incompatible avec ses moyens, nous opposons un refus sans appel et notre volonté délibérée de nous en tenir à la for mule : toute licence en art.

A livre escolha destes temas e a não restrição absoluta no que concerne o campo de sua exploração, constituem para o artista um bem que ele tem o direito de reivindicar como inalienável. Em matéria de criação artística, importa essencialmente que a imaginação escape a nenhuma coação, não se deixe impor qualquer figurino sob qualquer pretexto. Àqueles que nos pressionaram, seja hoje ou amanhã, para que consintamos à submissão da arte a uma disciplina que é para nós radicalmente incompatível com seus meios, nós opomos uma recusa inapelável e nossa vontade deliberada de nos apegarmos à fórmula: toda insubordinação em arte.[6]

---

[6] Na versão dos Arquivos Trotsky: **"toute licence en art, sauf contre la révolution prolétarienne".** (Toda licença em arte, exceto contra a revolução proletária).

X

Nous reconnaissons, bien entendu, à l'Etat révolutionnaire le droit de se défendre contre la réaction bourgeoise agressive, même lorsqu'elle se couvre du drapeau de la science ou de l'art. Mais entre ces mesures imposées et temporaires d'auto-défense révolutionnaire et la prétention d'exercer un commandement sur la création intellectuelle de la société, il y a un abîme. Si, pour le développement des forces productives matérielles, la révolution est tenue d'ériger un régime socialiste de plan centralisé, pour la création intellectuelle elle doit dès le début même établir et assurer un régime anarchiste de liberté individuelle. Aucune autorité, aucune contrainte, pas la moindre trace de commandement ! Les diverses associations de savants et les groupes collectifs d'artistes qui travailleront à résoudre des tâches qui n'auront jamais été si grandioses peuvent surgir et déployer un travail fécond uniquement sur la base d'une libre amitié créatrice, sans la moindre contrainte de l'extérieur.

X

Reconhecemos, bem entendido, ao Estado revolucionário o direito de se defender contra a reação burguesa agressiva, mesmo que ela se cubra com a bandeira da ciência ou da arte. Mas entre as medidas impostas e temporárias de autodefesa revolucionária e a pretensão de comandar a criação intelectual da sociedade há um abismo. Se é preciso, para o desenvolvimento das forças produtivas materiais, que a revolução erija um regime socialista de plano centralizado; para a criação intelectual ela deve, desde o início, estabelecer e assegurar um regime anarquista da liberdade individual. Nenhuma autoridade, nenhuma coação, nenhum traço de comando! As diversas associações de cientistas e os grupos coletivos de artistas que trabalharão com a resolução de tarefas nunca antes tão grandiosas podem surgir e desdobrar um trabalho fecundo unicamente à base de uma amizade criadora livre, sem a menor coação externa.

De ce qui vient d'être dit il découle clairement qu'en défendant la liberté de la création, nous n'entendons aucunement justifier l'indifférentisme politique et qu'il est loin de notre pensée de vouloir ressusciter un soi-disant art « pur » qui d'ordinaire sert les buts plus qu'impurs de la réaction. Non, nous avons une trop haute idée de la fonction de l'art pour lui refuser une influence sur le sort de la société. Nous estimons que la tâche suprême de l'art à notre époque est de participer consciemment et activement à la préparation de la révolution. Cependant, l'artiste ne peut servir la lutte émancipatrice que s'il s'est pénétré subjectivement de son contenu social et individuel, que s'il en a fait passer le sens et le drame dans ses nerfs et que s'il cherche librement à donner une incarnation artistique à son monde intérieur.

XI

Do que ficou dito decorre claramente que, em defesa da liberdade da criação, não pretendemos em absoluto justificar o indiferentismo político e longe de nós querer ressuscitar uma arte dita "pura", que ordinariamente, serve aos propósitos mais que impuros da reação. Não, nós temos uma ideia muito elevada da função da arte para lhe recusar uma influência sobre o destino da sociedade. Vislumbramos que a tarefa suprema da arte em nossa época seja a de participar conscientemente e ativamente na preparação da revolução. Entretanto, o artista não pode servir à luta emancipatória a não ser que seja penetrado subjetivamente por seu conteúdo social e individual, e que faça passar por seus nervos o sentido e o drama dessa luta, que ele busque livremente dar uma encarnação artística a seu mundo interior.

XII

Dans la période présente, caractérisée par l'agonie du capitalisme, tant démocratique que fasciste, l'artiste, sans même qu'il ait besoin de donner à sa dissidence sociale une forme manifeste, se voit menacé de la privation du droit de vivre et de continuer son œuvre par le retrait devant celle-ci de tous les moyens de diffusion. Il est naturel qu'il se tourne alors vers les organisations staliniennes qui lui offrent la possibilité d'échapper à son isolement. Mais la renonciation de sa part à tout ce qui peut constituer son message propre et les complaisances terriblement dégradantes que ces organisations exigent de lui en échange de certains avantages matériels lui interdisent de s'y maintenir, pour peu que la démoralisation soit impuissante à avoir raison de son caractère. Il faut, dès cet instant, qu'il comprenne que sa place est ailleurs, non pas parmi ceux qui trahissent la cause de la révolution en même temps, nécessairement, que la cause de l'homme, mais parmi ceux qui témoignent de leur fidélité inébranlable aux principes de cette révolution, parmi ceux qui, de ce fait, restent seuls qualifiés pour l'aider à s'accomplir et pour assurer par elle la libre expression ultérieure de tous les modes du génie humain.

XII

No período presente, caracterizado pela agonia do capitalismo, tanto democrático quanto fascista, o artista, mesmo necessitando dar à sua dissidência social uma forma manifesta, se vê ameaçado pela privação do direito de viver e de continuar sua obra pela retirada diante de todos os meios de difusão. É natural que ele se torne então em direção às organizações stalinistas que lhe oferecem a possibilidade de escapar de seu isolamento. Mas a renúncia, por sua parte, de tudo aquilo que pode constituir sua mensagem própria e as complacências terrivelmente degradantes que essas organizações lhe exigem em troca de certas vantagens materiais lhe interditam de manter-se nelas, por pouco que a desmoralização seja impotente para vencer seu caráter. É necessário, desde esse instante, que o artista compreenda que seu lugar é alhures, não entre aqueles que traem a causa da revolução ao mesmo tempo, necessariamente, que traem a causa do homem, mas entre aqueles que testemunham sua fidelidade inabalável aos princípios dessa revolução, entre aqueles que, por isso, permanecem qualificados para ajudá-la a se realizar e para assegurá-la a livre expressão ulterior de todos os modos do gênio humano.

Le but du présent appel est de trouver un terrain pour réunir les tenants révolutionnaires de l'art, pour servir la révolution par les méthodes de l'art et défendre la liberté de l'art elle-même contre les usurpateurs de la révolution. Nous sommes profondément convaincus que la rencontre sur ce terrain est possible pour les représentants de tendances esthétiques, philosophiques et politiques passablement divergentes. Les marxistes peuvent marcher ici la main dans la main avec les anarchistes, à condition que les uns et les autres rompent implacablement avec l'esprit policier réactionnaire, qu'il soit représenté par Joseph Staline ou par son vassal Garcia Oliver.

XII

O objetivo do presente apelo é encontrar um terreno para reunir os defensores revolucionários da arte, para servir a revolução pelos métodos da arte e defender a liberdade da arte ela mesma contra os usurpadores da revolução. Estamos profundamente convencidos que o encontro sobre este terreno é possível para os representantes de tendências estéticas, filosóficas e políticas razoavelmente divergentes. Os marxistas podem marchar aqui de mãos dadas com os anarquistas, com a condição de que uns e outros rompam implacavelmente com o espírito policialesco reacionário, seja ele representado por Josef Stálin ou por seu vassalo Garcia Oliver.[7]

---

[7] Juan Garcia Oliver foi um anarquista espanhol, fundador do grupo "Los Solidarios" juntamente com Buenaventura Durruti. Quando a Confederación Nacional del Trabajo (CNT) decide integrar o governo da Segunda República de Espanha durante a Guerra Civil, Oliver aceita assumir o cargo de Ministro da Justiça. promovendo uma ação de desarmamento entre os revolucionários durante os acontecimentos de maio de 1937. Desta forma, Oliver passou a ser considerado por muitos um traidor do movimento revolucionário.

XIV

Des milliers et des milliers de penseurs et d'artistes isolés, dont la voix est couverte par le tumulte odieux des falsificateurs enrégimentés, sont actuellement dispersés dans le monde. De nombreuses petites revues locales tentent de grouper autour d'elles des forces jeunes, qui cherchent des voies nouvelles, et non des subventions. Toute tendance progressive en art est flétrie par le fascisme comme une dégénérescence. Toute création libre est déclarée fasciste par les stalinistes. L'art révolutionnaire indépendant doit se rassembler pour la lutte contre les persécutions réactionnaires et proclamer hautement son droit à l'existence. Un tel rassemblement est le but de la Fédération internationale de l'art révolutionnaire indépendant (F.I.A.R.I.) que nous jugeons nécessaire de créer.

XIV

Milhares e milhares de pensadores e artistas isolados, cujas vozes são cobertas pelo tumulto odioso de falsificadores arregimentados estão atualmente dispersos pelo mundo. Numerosas pequenas revistas locais tentam agrupar em torno de si forças jovens, que buscam vias novas e não subvenções. Toda tendência progressista em arte é difamada pelo fascismo como uma degenerescência. Toda criação livre é declarada fascista pelos stalinistas. A arte revolucionária independente deve se unir para a luta contra as perseguições reacionárias e proclamar bem alto seu direito à existência. Tal união é o objetivo da Federação Internacional da Arte Revolucionária Independente (F.I.A.R.I), que julgamos necessário criar.

Nous n'avons nullement l'intention d'imposer chacune des idées contenues dans cet appel, que nous ne considérons nous-mêmes que comme un premier pas dans la nouvelle voie. A toutes les représentations de l'art, à tous ses amis et défenseurs qui ne peuvent manquer de comprendre la nécessité du présent appel, nous demandons d'élever la voix immédiatement. Nous adressons la même injonction à toutes les publications indépendantes de gauche qui sont prêtes à prendre part à la création de la Fédération internationale et à l'examen de ses tâches et méthodes d'action.

XV

Não temos absolutamente a intenção de impor cada uma das ideias contidas neste apelo, que consideramos como um primeiro passo na nova via. A todos os representantes da arte, a todos os seus amigos e defensores que não podem deixar de compreender a necessidade do presente apelo, pedimos que elevem a voz imediatamente. Endereçamos a mesma injunção a todas as publicações independentes de esquerda que estejam prontas a tomar parte na criação da Federação Internacional e ao exame de suas tarefas e métodos de ação.

XVI

Lorsqu'un premier contact international aura été établi par la presse et la correspondance, nous procéderons à l'organisation de modestes congrès locaux et nationaux. A l'étape suivante devra se réunir un congrès mondial qui consacrera officiellement la fondation de la Fédération internationale.

XVI

Quando um primeiro contato internacional for estabelecido pela imprensa e pela correspondência, procederemos à organização de modestos congressos locais e nacionais. Na etapa seguinte deverá se reunir um congresso mundial que consagre oficialmente a fundação da Federação Internacional.

Ce que nous voulons:
l'indépendance de l'art –
pour la révolution;
la révolution - pour la libération
définitive de l'art.

**Aquilo que queremos:
a independência da arte
– para a revolução;
a revolução – para a libertação
definitiva da arte.**

**André BRETON, Diego RIVERA
México, 25 de julho de 1938**

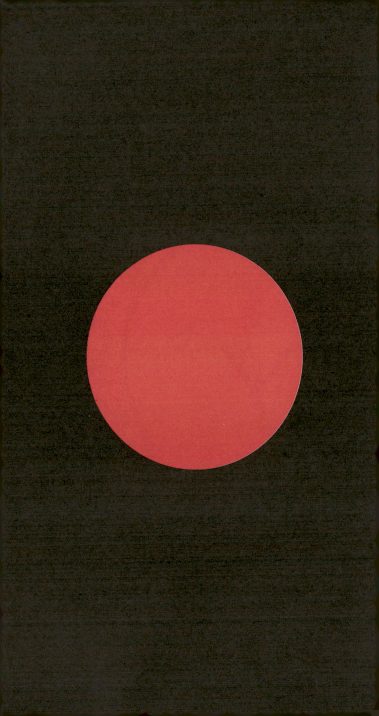

LER E CAMINHAR PODEM SALVAR A SUA VIDA

OU TE LEVAR PARA A CADEIA

COORDENAÇÃO EDITORIAL:
Fabiana Vieira Gibim, Rodrigo Corrêa, e Alex Peguinelli.

NOTA DA EDITORA:
Fabiana Vieira Gibim e sobinfluencia

TRADUÇÃO:
Gustavo Racy

REVISÃO:
Alex Peguinelli

PROJETO GRÁFICO:
Rodrigo Corrêa

EQUIPE SOBINFLUENCIA
Leticia Madeira (Comercial) e Ana de Assis

5ª impressão

sobinfluencia.com

Dados Internacionais de Catalogação na Publicação (CIP)
(Câmara Brasileira do Livro, SP, Brasil)

Betron, André, 1896-1966
    Por uma arte revolucionária independente / André
Betron, Diego Rivera ; [tradução Gustavo Racy]. -- São Paulo :

Alex Peguinelli Trevizo : Gustavo Racy, 2020.
  Título original: Pour un art révolutionnaire indépendant
Bibliografia.
  ISBN 978-65-00-11410-2

1. Breton, André, 1896-1966 2. Socialismo e arte - Discursos, ensaios e conferências 3. Trotski, Leão, 1879-1940 I. Rivera, Diego. II. Título.

20-47927   CDD-700

Índices para catálogo sistemático:
1. Arte revolucionária 700

Cibele Maria Dias - Bibliotecária - CRB-8/9427

sobinfluencia